KB197706

─── 소통이 어려운 나를 위한 ───

데일 카네기
인간관계론 2

소통이 어려운 나를 위한

데일 카네기 인간관계론 2

원저 데일 카네기
글·그림 김재훈

Mirae N 아이세움

CONTENTS

2

제4부 사람을 변화시키는 리더가 되는 9가지 방법

이 책을
최대로 활용하는
9가지 방법

1. 간절함을 가져라
인간관계의 원칙을 통달하겠다는 절실한 욕구를 키워요.

2. 반복해서 읽어라
한 장을 최소 두 번 이상 읽은 후에 다음 장으로 넘어가세요.

3. 적용 방법을 고민하라
읽다가 종종 멈추고, 책의 내용을 어떻게 일상에 적용할 수 있을지 스스로 질문해 보세요.

4. 중요한 내용에 표시하라
기억하고 싶은 중요한 부분에는 밑줄을 치세요.

5. 정기적으로 복습하라
매달 이 책의 내용을 복습하여 원칙들을 상기하세요.

6. 실생활에서 원칙을 적용하라
이 책을 실용서라고 생각하면서 기회가 있을 때마다 문제 상황에 적용해 보세요.

7. 게임으로 활용하라
원칙을 어길 때마다 친구에게 벌금을 내겠다고 제안해서 게임을 하듯 원칙을 익히세요.

8. 스스로 점검하라
당신이 얼마나 발전했는지 매주 점검하여 어떤 실수를 했고, 무엇을 개선했으며, 어떤 교훈을 얻었는지 생각해 보세요.

9. 기록을 남겨라
어느 원칙을 언제 어떻게 적용했는지 메모장에 기록하세요.

DALE
CARNEGIE

제3부

다른 사람을 설득하는
12가지 방법

1장

날 선 칼날은
피하는 법이다

난 논쟁을 좋아했고 시시비비를 가려
논쟁에서 이기는 것에 늘 진심이었죠.

어릴 때, 나는 형이 하는 모든 말을 반박했고

대학에서 논리와 논증을 배우고
토론 대회에 나가기도 했어요.

또 뉴욕에서 토론과 논쟁을 가르쳤고요.

한때는 그 주제로 책을
써 볼까도 생각했답니다.

대단하셨겠어?

런던에서 열린 연회에 참석했을 때였어요.

만찬 도중 내 옆에 앉았던 사람이
이런 얘기를 꺼냈죠.

인간은 대충 만들 뿐, 마지막을
완성하는 것은 신이다.

난 지적할 기회를
놓치지 않았어요.

그 말의 출처는 성경이 아닌
셰익스피어의 문장이었거든요.

그런데 그 사람은 인정하지 않고
계속 우기는 게 아니겠어요?

다행히 그 자리엔 오랫동안
셰익스피어를 연구한 친구가 있었죠.

하지만 놀랍게도 그 친구는
내 편을 들지 않았어요.

그날 밤 귀갓길에
친구에게 다시 물었죠.

프랭크, 아까 왜 그랬어?

자네 말이 맞아. 〈햄릿〉
5막 2장에 나오는 말이지.

그런데 왜?

친구가 내게 그러더군요.

쓸데없는 논쟁이니까.

즐겁게 어울리는 자리에서
그가 틀린 걸 꼭 가려야겠어?

그런다고 널 좋아하겠어?

날 선 칼날은 피하고 보는 법이야.

상대방의 주장과 자존심에 구멍을 숭숭 뚫어
놓고 논쟁의 승리를 거뒀다 생각하겠지만,

상대는 당신이 옳다고 생각하고 당신을 따르는 게
아니라, 당신의 승리에 분개하며 열등감을 느끼게 돼요.

논쟁이 끝난 뒤에도 대부분의 사람들은
모두 자신이 옳다는 확신을 바꾸지 않거든요.

자신의 의지에 반해 설득당했다고 해서
자신의 생각까지 바꾸는 건 아니예요.

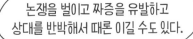
벤저민 프랭클린은 이렇게 말했어요.

논쟁을 벌이고 짜증을 유발하고
상대를 반박해서 때론 이길 수도 있다.

BENJAMIN FRANKLIN

하지만 상대의 호의를 살 수 없다면
그건 빈껍데기 승리에 불과하다.

원칙
01

논쟁에서 이기는 유일한 방법은 논쟁을 피하는 것이다.

**The only way to get the best of
an argument is to avoid it.**

2장

상대의 의견을 존중하는
태도를 보여 줘라

객관적인 지식일 경우에도 반발심이 생기기 마련인데

하물며 주장이나 의견, 취향에 관한 거라면?

결코 수긍하지 않겠죠?

경자 씨는 이미 감정이 상했으니까요.

전에 인테리어 전문가를 고용해
커튼을 맞춘 적이 있거든요.

그런데 청구서를 받아 보곤 기가 막혔어요.

집에 놀러 온 한 친구가 한 방 날리더군요.

막상 사실대로 지적을 받으니 그냥 수긍할 순 없었어요.

난 나름의 논리로 방어했죠.

그런데 다음 날 찾아온 다른 친구는 감탄하는 거예요.

내 반응도 전혀 달랐죠.

사실을 인정하는 쪽으로요.

사람 마음이란 게 참 묘하죠?

같은 사실을 놓고도 그걸 말하는 상대의 태도에 따라 나의 느낌과 반응은 확실히 달라지잖아요?

누구나 다 그렇답니다.

벤저민 프랭클린의 전기에 이런 일화가 있어요.

어느 날, 오래된 친구가 어렵게 입을 뗐는데

그건 날카롭고 따가운 진실이었죠.

프랭클린은 그 비판을 진심으로 인정하고 수용했답니다.

그는 즉시 자신의 태도를 고치고 평생 실천했다고 해요.

인생의 선배들은 이런 조언을 남겼어요.

〈알렉산더 포프〉

〈체스터필드 경〉

아시겠죠?

상대방과 싸우거나 상대방이
틀렸다고 말하는 건 소용없다는 걸.

원칙
02

상대의 의견을 존중하는 모습을 보여라.
절대로 상대가 틀렸다고 말하지 말라.

Show respect for the other person's opinions.
Never say, "You're wrong."

3장

잘못했다면
먼저 인정하라

퍼디낸드 워런은 상업 미술가예요.

광고나 출판 같은 특정한 목적에
사용될 그림을 그리는 일을 해요.

순수 예술가와 달리
작품의 방향성을 정하는 책임자의 눈을 먼저 만족시켜야 해요.

이 그림의 품질과 가치는
누가 매겨요?

아트 디렉터나 편집자
맘에 들어야겠지?

책임자 중에는 상냥하고 우호적인 사람도 있고,
까탈스럽고 퉁명한 사람도 있는데,

촉박한 기한에 맞추다 보면
마음에 안 드는 부분이 생기게 마련이죠.

워런이 상대했던 최악의 책임자가 있었어요.

그자는 아주 사소한 것까지 꼬투리를 잡으면서 괴롭히는데,

어쩌면 그걸 즐기는 것 같았지요.

어느 날, 워런은 불만 가득한 책임자의 전화를 받았어요.

사무실에 도착하자마자 터져 나오는 불평에
워런은 먼저 '인정하기 기술'을 시도해 보기로 했어요.

제가 의도를 벗어나 맘대로 예술을 했지요? 그러면서도
창의력 없는 판에 박힌 그림만 그렸을 겁니다.

아니, 그게 아니라…

이따위로밖에 못 그린 제 자신이 부끄럽습니다.

어허, 왜 이러시나?

계속 자기반성을 늘어놓자
그가 오히려 워런을 두둔했고,

이만하면 잘 그렸다니까!

아뇨, 싹 다시 그리겠습니다!

글쎄, 아니래도!

결국 손쉽게 해결하는 쪽으로
결론이 났어요.

한 군데만 살짝 고치자고.

정 그러시다면….

헤어지기 전,
워런은 작업 비용과 함께
다른 그림도 의뢰받았답니다.

계속 잘 부탁하네.

누군가가 당신을
질책하려고 할 때
어떻게 하는 게 좋을까요?

상대에게 비난할 기회를
주지 않고 상대가 생각하고
있거나, 말하고 싶거나 혹은
말할 것 같은 경멸의 말을
스스로에게 쏟아붓는 거예요.

화내려던 상대는 김이 빠져, 대부분 너그러운 태도를 취하며
당신의 실수를 최소한으로 줄여 생각할 겁니다.

누구나 실수하고 틀릴 때가 있어요. 그럴 때 바보들은 대부분 변명을 하죠.
하지만 자신의 실수를 인정하는 행위는 숭고한 기쁨을 가져다 줍니다.

옛 속담에도 이르길,

싸움으로 얻을 수 있는 건 많지 않다.
하지만 항복하면 기대 이상으로 얻는다.

원칙
03

틀렸을 때는 빠르고 단호하게 인정하라.
If you are wrong, admit it quickly and emphatically.

4장

호감으로 대하면
상대도 공감할 것이다

스트라우브는 어느 날 집주인에게 편지를 썼어요.

하지만 본심은 따로 있었죠.

듣기로는 집주인이 아주 냉정하다는 게 문제였죠.

피도 눈물도 없는 사람이래.

집세 깎으려고 시도했다가 모두 피 봤대.

그래서 카네기 선생님 강의에서 배운 걸 한번 시도해 봤어요.

어떻게 했을까?

짐작컨대 다른 세입자들은 공세적으로 나갔을 거예요.

집에 대한 불평을 늘어놓는 식으로 말이에요.

집주인 입장에서는 싫다는데, 붙잡을 이유가 없었겠죠?

그래서 주인이 찾아왔을 때,

집에 대한 찬사부터 쏟아 냈어요.

아울러 집주인의 건물 운영 방식에도 칭찬을 아끼지 않았죠.
집주인은 처음 겪는 환대에 어찌할 바를 모르다가

먼저 문제 해결 방안을 제시하는 게 아니겠어요?

스트라우브는 공감과 감사를 표현하는 방식으로
자신이 원하는 걸 얻을 수 있었답니다.

누군가가 당신과 의견이 달라 화가 나 있을 때,

논박으로 상대의 동의를 끌어낼 방법은 없어요.

대신 친절하고 상냥하게 상대를 대해 보세요.

미국의 제28대 대통령, 우드로 윌슨은 말했어요.

당신이 두 주먹을 꽉 쥐고 내게 다가온다면,
나도 당신만큼 주먹을 꽉 쥐게 될 겁니다.

하지만 "함께 의논해 보자."
라고 말한다면 서로가
동의하는 점을 찾게 될 겁니다.

당신을 야단치는 부모님도,

넌 왜 그 모양이니?

따지고 드는 친구도,

너 진짜 그럴래?

시비를 거는 누군가도,

당신이 맞선다고 해서 마음을 돌리지 않아요.

오히려 호감으로 대할 때 공감하죠.

이솝 우화 '해와 바람'은 모두 아시죠?

바람이 세게 불수록 행인은 코트를 붙들고 버티지만,

밝고 따뜻한 햇볕은 간단히 그의 코트를 벗기잖아요.

상대의 동의를 얻는 데는 강한 주장보다 호의와 친절이 더 효력이 있는 법이랍니다.

원칙
04

우호적으로 시작하라.
Begin in a friendly way.

5장

긍정의 반응을 이끌어 내면서
마음의 벽을 허물어라

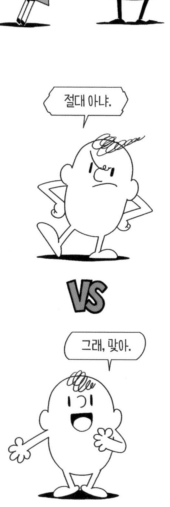

부정하는 사람은 경계하는 자세를 취하며 뒤로 물러서죠.

반대로 긍정할 때는 몸이 앞으로 움직이며 개방적인 태도를 취하죠,

우리의 신체 감각은 말의 내용에 따라 반응한답니다.

그래서 '아니'라고 말하는 순간 대화를 가로막는 큰 장벽이 생기는 거예요.
그 벽은 웬만해선 허물기가 어렵죠.

담 쌓았네?

내 맘의 벽이다!

정말 아냐?

말 뱉었으니 이제 자존심 문제거든.

일단 뻣뻣해진 부정의 태도,

이걸 긍정으로 바꾸기 위해서는 정말 많은 지혜와 인내심이 필요해요.

무슨 말이든 아무리 해 봐라, 귓등으로도 안 들을 거다!

확 때리고 싶다.

일단 한쪽 방향으로
움직이기 시작한 공이

방향을 바꾸기 위해선
꽤 많은 힘이 필요하죠.

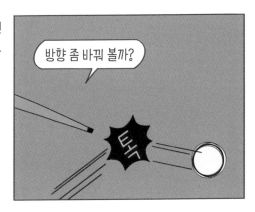

하물며 정반대 방향으로
돌리려면 얼마나 더 큰 힘이
요구되겠어요?

사람도 마찬가지로
한번 작심하고 나면,

어지간한 노력이 아니고서는
부정을 긍정으로 되돌리기
힘들겠지요?

대화를 잘하는 사람은 처음부터 상대로 하여금
긍정의 반응을 이끌어 낸답니다.

뉴욕시 그리니치 저축 은행의 제임스 앨버슨은

은행 창구에서 일할 때

신상 정보 공개에 예민한 고객을 만난 적이 있어요.

고객은 계좌 개설에 필요한 항목 중
몇 가지를 기재하길 완강하게 거부했어요.

이 경우 "계좌 개설 불가"라고 하면 그만이지만,
앨버슨은 지혜를 발휘해 보기로 했어요.

그는 은행이 아닌 고객이 원하는 걸 이야기하기로 마음먹고
반드시 고객에게서 "예스"라는 답을 듣겠다고 다짐했어요.

고객이 원하는 바를 얘기하도록 상냥하게 설명하고,

긍정의 반응을 이끌어 내면서

마음의 벽을 허물자,

그다음부터는 모든 일이 일사천리로 성사되었답니다.

대화에 통달했던 고대 그리스의 현자,
소크라테스의 비결도 그랬답니다.

이걸 '소크라테스식 문답법'이라고 하지.

상대가 동의할 수 있는 질문을 던지고,

당신이 그렇게 똑똑해?

응.

'예스'라는 말을 계속 유도하면서,

자신의 오류를 스스로 깨닫게 함으로써,

자발적인 공감에 이르게 하는 기술이었죠.

다른 사람과 대화할 때, 의견이
다른 부분부터 이야기하지 말고

의견이 같은 부분을 찾아
그 점을 강조하면서 시작하세요.

그러면 공감은 자연스레
이루어지는 거랍니다.

그럼 너 자신부터 알아야겠지?

예.

상대가 바로 "네, 그래요."라고 말하게 하라.
Get the other person saying
"Yes, yes" immediately.

6장

상대가 더 많은
이야기를 하게 하라

우린 저마다 할 말이 많아요.

그래서 말을 많이 해요.

상대의 말을 들어 주기보다
자신의 말을 하기에 급급하죠.

입사 면접을 볼 때 어떻게든 자기 어필을 잘해서

심사 위원이 귀담아듣게 하면 성공하는 거겠죠?

그런데 역발상을 시도해 보면 어떨까요?

뉴욕의 어느 신문 경제면에 실린
채용 광고에 찰스 쿠벨리스의 시선이 꽂혔어요.

능력 있는 경력자를 구한다고?
나 같은 실력자를 뽑겠다는 거네?

그가 면접에 대비해 열심히 준비한 건
자기소개가 아니었어요.

모두가 자기 얘길 하느라 여념이 없을 때
난 오히려 입을 닫고 귀를 열겠어!

그 회사 창업주에 관한 정보란 정보는 다 찾아내 샅샅이 조사했죠.

아주 사연이 많은 분이시네.

면접을 볼 때, 쿠벨리스는 이렇게 말했어요.

그 이야기의 당사자인 사장님은

문득 기억 회로에 발동이 걸리더니,

가슴에 담아 뒀던 회한과 자랑스런 업적을 한가득 풀어놓았어요.

인사 최고 결정권자의 장구한 창업 스토리 발표가 끝난 후,

쿠벨리스는 그 자리에서 채용되었답니다.

프랑스의 철학자 라로슈푸코는 말했어요.

당신에게 열등감을 느끼게 하는
사람에게 호의적일 수 있나요?

그러니 누군가 당신 생각에
동의하게 만들고 싶다면?

그 사람이 원 없이 이야기하도록 하세요.

상대가 말을 많이 하게 하라.
Let the other person do a great deal of the talking.

7장

상대의 아이디어라고
생각하게 하라

악, 당근.

경자 씨가 누군가에게서 "당근을 먹어. 몸에 좋아."라는 말을 듣는 것과 경자 씨가 스스로 '당근을 좀 먹어야겠어.'라고 마음먹는 것.

오! 당근.

어떤 게 더 효과적일까요?

당연히 내 생각대로 하는 거지.

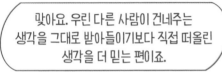

맞아요. 우린 다른 사람이 건네주는 생각을 그대로 받아들이기보다 직접 떠올린 생각을 더 믿는 편이죠.

그렇다면 당신이 원하는 바를 상대에게 관철하려고 하기보다
자연스럽게 같은 생각을 하도록 유도하는 게 좋은 방법이지 않을까요?

에드워드 하우스 대령은 우드로 윌슨 대통령 재임 시절
유능한 정책 보좌관으로 알려진 인물이에요.

한번은 그가 백악관에서 어떤 정책 조언을 했을 때
대통령의 반응은 시큰둥했어요.

그런데 며칠 후, 만찬 자리에서 대통령이
그걸 자기 아이디어인 양 얘기하는 광경을 목도한 겁니다.

아이디어 저작권?

생각해 보세요.
하우스 대령이 얻으려 한 게
뭐였을까요?

꾀돌이라는 칭찬?

좋은 게 좋은 거!

그가 바란 건 제안한 정책이
채택되는 결과였어요.

그렇게 우연한 기회로 알게 된 중요한 교훈은
바로 대통령뿐만 아니라 누구든 스스로 생각한 걸
실행으로 잘 옮긴다는 사실이죠.

하우스 대령은 이후로도 그 방법을 적극 활용했어요.

그래서 윌슨 대통령이 하우스 대령을
누구보다 믿고 의지할 수 있었던 거죠.

이번에는 비즈니스 현장에서 자발적인 실천을 이끌어 낸 사례를 볼까요?

필라델피아의 한 자동차 회사 세일즈 매니저, 아돌프 셀츠. 그가 일하는 부서에는 동기 유발이 절실한 상황이었어요.

최근 판매 실적이 영 부진해.

판매 부진으로 직원들 사기가 떨어지고, 떨어진 사기는 실적 저하로 이어지고, 판매 부진은 또 의욕을 떨어뜨리고….

특단의 조치를 위해 셀츠는 영업 회의를 소집한 후 말했어요.

요구 사항을 허심탄회하게 말해들 봐요.

툭 터놓고 말해도 돼요?

허심탄회가 그 말이잖아?

별의별 요구 사항이 다 쏟아졌겠죠?
셸츠는 그걸 죄다 칠판에 쓰면서 경청했어요.

그런 다음, 한 가지 제안을 했죠.

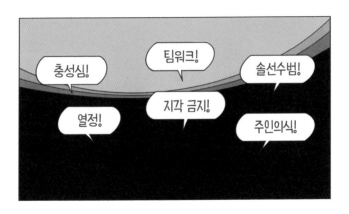

그로부터 직원들의 의욕은
한껏 고조되었고,

부서의 영업 실적 또한
현저하게 향상되었다고 해요.

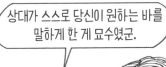
상대가 스스로 당신이 원하는 바를
말하게 한 게 묘수였군.

맞아요!

좋은 성과를 위해선 긍정의 에너지와
실천하려는 의지가 필요하잖아요.

그리고 올바른 자세가
어떤 건지도 누구나 알죠.

그걸 자발적인 다짐으로
이끌어 낸 것뿐이에요.

2,500년 전에 중국의 현인 노자는 이 같은 말을 남겼어요.

강이나 바다가 수많은 산골짜기 시냇물의 존경을 받는 이유는
늘 아래쪽에서 흐르기 때문이다. 강이나 바다는 많은
시냇물을 아우를 수 있다. 그러니 사람들 위에 서고 싶은 현자는
자신을 낮춰야 하며 사람들 앞에 서고 싶은 현자는 뒤에 서야 한다.
그래야 현자가 사람들의 위에 있어도 그 무게를 느끼지 못하고,
현자가 사람들의 앞에 서 있어도 기분 나빠하지 않는다.

사람들이 거부감 없이 당신 생각에 동의하게 만들고 싶다면?

원칙
07

상대가 자신의 아이디어라고 생각하게 하라.
Let the other person feel that the idea is his or hers.

92

8장

상대의 관심을 이해하고
그들의 관점에서
대상을 바라보라

때론 경자 씨가 옳고 상대가 완전히 틀릴 경우가 있잖아요.

있지.

그럴 땐 어떻게 하세요?

따끔하게 지적하고 혼쭐내야지.

그럼 안 돼요.

왜 안 돼?

비난은 가장 쉬운 방법이에요. 바보라도 할 수 있죠.

게다가 비난은 사태를 더 악화시킬 수도 있어요.

오히려 그럴 때일수록 상대를
이해하려고 노력해 보세요.

내 생각이 옳은데
왜 그렇게까지?

옳고 그름을 가리는 것보다
더 나은 걸 이루기 위해서요.

상대가 명백하게 틀렸다는 건 경자 씨의 관점이잖아요?

하지만 누구에게나 자신의 입장이 있답니다.

그러니까 입장을 바꾸고 관점을 달리해 보세요.

상대가 왜 그런 생각을 하고 행동했을까?
만약 내가 상대의 입장이었다면 어떻게 생각하고 행동했을까?

그런다고 뭐가 달라지나?

상대의 공감을 얻고
문제를 해결하게 되죠.

아울러 경자 씨의 인생이 달라지죠.

난 집 근처에 있는 공원을 정말 사랑한답니다.

그래서 어린나무와 관목들이 불타 버린 걸 보면 속이 쓰렸어요,

주된 화재의 원인은 나무 밑에서 소시지 같은 걸 구워 먹거나 불장난을 하는 애들이었어요.

공원 입구에 세워진 경고 표지판은 무용지물이나 다름없었고,

경관들도 순찰을 돌았지만 효과가 없었죠.

하는 수 없이 직접 단속에 나섰고,

얼마 지나지 않아 현장을 적발했죠.

결국 난 잘못을 저지르고 말았어요.

그 방법이 통했을까요?

오히려 역효과만 낳았어요.

화재 발생 건수도 줄지 않았죠.

나는 방법을 달리하기로 마음먹었죠.

불을 지피는 아이들에게 다가가서

훈계나 협박이 아닌 상대의 입장을 헤아리면서,

아이들의 눈높이로 이야기했어요.

나도 너희만 했을 때
무지 많이 구워 먹었지.

그런데 말이야.

너희는 물론 안 그러겠지만
간혹 부주의한 애들이 있거든.

잘못해서 큰불이 나면
낭패를 겪지 않겠니?

그러니까 흙으로 덮어서
불씨를 잘 꺼야겠지?

다음부터 저 모래 언덕에서
불을 피우면 어떻겠니?

예……

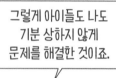

그렇게 아이들도 나도
기분 상하지 않게
문제를 해결한 것이죠.

명령이나 복종을 강요하는 대신
그들의 관심을 이해하는 방식을 택했으니까요.

공원 말고 여기서 굽자.

웃으면서 길게 하는
잔소리가 더 무서워.

《사람을 황금처럼 만드는 방법》이라는 책을 쓴 케니스 구스는
다음과 같이 말했어요.

당신은 다른 일에는 거의 관심이 없고 당신의 문제에만 집중하고 싶겠지만
잠시 멈춰 봐라. 세상 모든 사람도 당신과 마찬가지로 자기 문제에 가장
신경을 쓴다는 사실을 기억하라. 그러면 당신도 링컨이나 루스벨트처럼
대인 관계를 성공적으로 이끄는 핵심 원칙을 이해할 수 있게 될 것이다.
다시 말해, 사람을 다루는 데 성공하기 위해서는 상대의 관점을
그 사람과 같은 마음으로 이해해야 한다는 것이다.

다른 사람의 관점에서 사물을 보는 태도를 익힌다면
당신의 인생과 경력에서 중요한 하나의 전환점이 될 것입니다.

그래 좋아! 할 수만 있다면.

좋다는 걸 몰라서 안 하나?
어려우니까 못하는 거지.

물론 어렵죠. 그리고 오랜 시간
노력도 해야 될 거예요.

하지만 그렇게 할 수만 있다면
기적 같은 일이 일어날 거예요.

불쾌감을 주지 않고 적개심을 자극하지
않으면서 다른 사람을 바꾸고 싶다면?

원칙
08

진심으로 상대의 관점에서 대상을 보려고 노력하라.
Try honestly to see things from
the other person's point of view.

9장

상대의 심정을 무시하지 말고
그 입장이 되어 헤아려 보라

누군가의 마음을 누그러뜨리고 싶을 때
유용한 마법의 주문이 하나 있답니다.

무슨 주문?

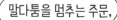
말다툼을 멈추는 주문,

적대감을 없애 주는 주문,

호의를 베풀게 하는 주문,

상대가 내 말에 귀 기울이게 만드는 주문.

그러니까 그게 뭔데?

이 말은 우린 누구나 같은 처지에 놓일 수 있다는 사실을
자인하다는 뜻이거든요.

화나고, 편협하고, 터무니없는 이야기를 늘어놓으며
당신에게 다가오는 사람들에게

먼저 이런 말을 건넨다면,

상대의 마음을 한층 누그러뜨릴 수 있을 거예요.

당신에게 화가 난 누군가가

도무지 고집불통이고 비이성적으로 여겨질지라도

그 사람이 그러는 데는
나름의 이유와 사정이 있는 거랍니다.

그럴 땐 맞대응해서 시시비비를 가리기보다

공감과 호의를 먼저 보여 주세요.
그러면 상대도 노여움을 풀고 당신을 좋아하게 될 거예요.

솔 휴록은 공감 능력을 십분 활용했던, 미국 최고의 공연 기획자였어요.

이사도라 덩컨, 파블로바 같은 쟁쟁한 예술가들을 관리했지.

내가 가장 먼저 깨달았던 건 예민한 예술가들을 상대할 땐 공감 능력이 필수라는 사실이었죠!

예를 들어, 표도르 샬랴핀 아시죠?
풍부한 음색으로
세계 무대를 주름잡았던
불세출의 베이스 성악가였죠.

Feodor Chaliapin

휴록의 표현대로 "모든 면에서 엄청난 사람"이었던
샬랴핀의 공연 준비는 어땠을까?

사실 공연을 앞둔 그는 버릇없는 어린아이 같았어요.

공연 당일 정오 무렵이면 샬랴핀은 전화를 걸어

무대에 오르지 못하겠다고 징징댔어요.

당연히 화가 날 일이었죠.

휴록은 지체 없이 샬랴핀이 묵고 있는 호텔로 달려가

진심 어린 동정과 공감을 표현했죠.

그러면 샬랴핀은 이렇게 말해요.

5시.

7시 30분,
샬랴핀은 그제야 마음을 먹어요.

대신 단서를 달면서 말이죠.

공연 전에 내가 독감에 걸려서
오늘 목 상태가 안 좋으니까 그걸 감안해서
들어 달라고, 원래는 훨씬 잘한다고
관객들한테 얘기해 줘야 해!

염려 마. 그렇게.

상대의 심정을 무시하거나 외면하지 말고,
내가 그 입장이 되어 헤아려 보는 것.

인간관계에서 큰 위력을
발휘한답니다.

우린 애초부터 혼자 잘나서
지금의 내가 된 것이 아니기에,

누구나 처해진 상황에서
나름의 이유가 있기에,

그리고 마음 깊은 곳에서
이해를 갈구하고 있기에,

공감은 친구를 만들어 줄 거예요.

원칙
09

상대의 생각과 욕망에 공감하라.
Be sympathetic with the other person's
ideas and desires.

10장

고귀한 동기를
주목하고 활용하라

그렇듯 우리는 올바른 사람이기를 자처하며 근사한 동기에 끌린답니다.

인간은 모두 은연중에 이상주의자이니까요.

금융 황제 J. P. 모건은 인간 심리에 관한 명언을 남겼어요.

사람들이 어떤 일을 할 때 보통 두 가지 이유가 있다.

하나는 그럴듯한 이유, 다른 하나는 진짜 이유다.

J. P. Morgan

속에 품은 진짜 이유는
당사자만 알겠지만,

그럴듯한 이유는 나도 알고,
그도 알고, 우리 모두 아는
고상한 것이죠.

펜실베니아주 패럴미첼 컴퍼니의 해밀턴 패럴은
사회적 약속을 지키는 것이 올바른 행위라는 상식에 호소해
곤란을 모면했던 경험이 있어요.

어느 날, 패럴은 예기치 않은 소식을 접했어요.

한 세입자가 즉시 집을 비우겠다고 통보한 것이었죠.

계약 기간이 꽤 남은 터라 재고를 바랐지만 소용없었어요.

법적으로 대응하고 싶었지만, 다른 전략을 시도해 보기로 했어요.

고심 끝에 패럴이 선택한 방법은 고상한 동기에 호소해 보는 것이었어요. 그 세입자 역시 어떤 행동이 더 상식에 부합하는지는 알고 있을 거라고 믿었기 때문이죠.

상대를 올바른 방향으로 이끌기 위한 만반의 시나리오를 마련한 다음,
세입자를 다시 만났어요.

세입자분, 저도
할 말이 있답니다.

임대차 계약에 관한 법률
조항이라도 들이미시게?

그리고 이렇게 했죠.

먼저 자락을 깐 다음,

고무시키고,

스스로 선택할 기회를 준 다음,

여운을 남기며 자리를 떴죠.

며칠 간의 말미가 그 사람에게는
자신의 선택을 올바른 방향으로 이끄는 시간이었을 겁니다.

마침내 세입자는 패럴이 바라던 결론을 내렸죠.

정직하고 공정한 것이 옳다는 걸 부정할 사람은 없겠죠?
그래서 누구든 올바른 선택을 할 가능성은 항상 열려 있는 법이죠.

내가 상대를 정직하고 올바르며 공정한 사람으로 여긴다고 느끼게 해 주면,
대부분 호의적인 반응을 보일 거라고 확신해요.

원칙
10

더 고상한 동기에 호소하라.
Appeal to the nobler motives.

11장

아이디어를
극적으로 표현하라

때로는 말이나 글보다 훨씬 효과적인 쇼맨십!

라디오나 텔레비전에서 눈과 귀를 사로잡는 방법,

광고업계 전문가들은 그 위력을 잘 알고 있죠.

자기네 차 위에 코끼리를 올려놓고 홍보하는 자동차 회사가 있는가 하면,

판매점 쇼윈도에 살아있는 생쥐를 진열하는 쥐약 제조사도 있답니다.

영업 무대에서도 쇼맨십을 발휘해
자신이 원하는 바를 이룰 수 있죠.

짐 예먼스는 금전 등록기를 제작하는
내셔널 캐시 레지스터의 세일즈맨으로 수완이 뛰어났어요.

한 상점을 방문해서 둘러보다가 낡은 금전 등록기를 발견하면,

주인이 보는 앞에서 동전 한 움큼을 바닥에 냅다 던지며 말했어요.

주인은 당장 그의 말에 집중했죠.

이렇게 주인의 마음을 끌어당겨서
상점 기계들을 몽땅 자기 회사 제품으로 교체시킬 수 있었죠.

홍보 대행사에서 일하는 제임스 보인턴의 사례를 볼까요?

보인턴은 한 유명한 콜드크림 브랜드에 대한
철저한 조사를 마친 후 미팅을 가졌어요.

보고 대상은 업계에서 알려진 만만치 않은 거물급 인사였는데,

준비한 걸 설명할 충분한 시간도 주지 않았고,

얘기가 잘 먹혀 들지도 않았어요.

첫 만남이 실패로 끝난 후, 보인턴은 뭔가 색다른 방법을 찾기로 했어요.

두 번째 미팅에 갔을 때도
담당 임원은 여전히
여유가 없었는데,

보인턴은 조용히
가져간 가방 안에서
물건들을 꺼내
책상 위에 올려놨어요.

시중에 나와 있는 콜드크림 32개였죠.

통마다 조사 결과를 항목별로 간략하게 정리한
메모가 붙어 있는.

그분은 통을 하나씩 들어
내용을 꼼꼼히 검토하기 시작했어요.

그날 미팅은 화기애애한 가운데 한 시간 가량 이어졌고,
보고는 성공리에 마칠 수 있었답니다.

당신의 아이디어를 극적으로 표현하라.
Dramatize your ideas.

12장

경쟁심을 유발해
잠재력을 일깨워라

찰스 슈와브는 일하는 사람들의
의욕을 고취하는 데 탁월했죠.

그는 다른 공장들에 비해 유달리 실적이 저조한 곳을 찾아
공장장에게 사정을 물었어요.

슈와브는 현황을 파악한 후,

공장 바닥에 숫자를 써 놓고 돌아갔어요.

야간조가 출근하자마자
그 숫자를 발견했고

가열차게 작업한 후,
숫자를 고쳐 썼어요.

곧이어 교대한 주간조도
보고만 있지 않았죠.

말도 안 되는 숫자에

또다시 자극받는 야간조.

생산성 줄다리기가 이어지며
공장 실적은 향상되었답니다.

슈와브는 그렇게 한마디 직접적인 지시 없이 직원들의 경쟁심을
자극하는 방법으로 침체되었던 공장에 활력을 불어넣은 것이죠.

파이어스톤 타이어의 설립자 하비 파이어스톤은 말했어요.

월급만으로는 사람들을 끌어들이거나
우수한 인재를 유지하기 어렵다.

중요한 건 게임
그 자체이다.

Harvey S. Firestone

원칙
12

도전 의식을 자극하라.
Throw down a challenge.

DALE
CARNEGIE

제4부

사람을 변화시키는 리더가 되는
9가지 방법

1장

잘못을 지적해야 할 때
칭찬으로 시작하라

일의 성과는 맡은 이의 마음가짐에 달렸죠?

진행 과정이 다소 실망스럽더라도

상대방을 질책해서 기분을 가라앉게 하지 말고

기분을 북돋우고 자질을 높여 주는 방법을 택해야 하지 않을까요?

만인에게 존경받는 에이브러햄 링컨 대통령은
누군가의 잘못을 바로잡고 문책할 때도
귀감이 될 만한 모범을 보여 줬답니다.

따끔하게 꾸짖되, 상처받지 않게.

남북 전쟁이 한창이던 1863년 4월, 북군은
거듭되는 패배로 사기가 땅에 떨어져 있었죠.
부대를 통솔해야 할 지휘관들 사이에는
하극상과 반목의 기운이 만연했어요.

President Abraham Lincoln

난 그 작전에 반대요!

우린 질 거야.

그럼 당신이 작전 짜 봐!

암! 지고 말고.

그 말에도 반대요!

상관 명령을 똥으로 아는
똥고집쟁이라고 합니다.

전시에 똥오줌 못 가리는
자를 내버려둘 순 없지.

작문 실력 좀
발휘해 볼까?

지휘 계통 분열을 조장하는 요주의 인물이 후커 장군이라고 보고받은
대통령은 군 통수권자로서 군의 기강을 바로 세우고자, 펜을 든 것이랍니다.

나는 귀관이 용감하고
노련한 군인이라 믿고 있소.

오호~굿!

또 군인의 책무를 수행하는데
정치적 처신을 하지 않을 거라 믿소.

흠….

귀관은 자신감 있고 야심도 있는 군인이오.
도를 넘지 않는 한 좋은 자질이라 여기오.

찔려….

딴 사람 같았으면 장군의 기를
죽이며 경고했을 겁니다.
하지만 링컨은 후커 장군의 잘못을 지적하는
문장 앞에 칭찬과 예우를 빼놓지 않았어요.

그런데 야심이 과해 번사이드 장군의
지휘 계통에 맞서 반대를 일삼는
귀관의 행동은 중대한 실책이오.

따끔하네….

그같이 아군 진영에 퍼져 버린,
상관을 비난하고 신뢰하지 않는 풍조가
자칫 귀관을 겨냥하게 될까 염려되오.

앗! 그렇군….

경솔함을 경계하고 힘차게 전진하여
우리에게 승리를 안겨 주시오.

구구절절 옳은 말씀….

이 편지는 훗날 유명해져 1926년 경매에서
1만 2천 달러에 팔리기까지 했답니다.

General Joseph Hooker

필라델피아에서 대형 사무용 빌딩을 건설하던 와크컴퍼니는
완공을 거의 앞둔 시점에 어처구니없는 일을 당했어요.

건물 외장재를 만드는 청동 세공 업체가
약속된 납품 기일을 못 맞추겠다고 통보해 온 거예요.

그로 인해 공사가 지연되면
회사로선 막대한 손해를 감수해야 할 초유의 위기 상황!

다급해진 회사는 그 업체로
믿을 만한 직원을 보내야 했죠.

막중한 임무를 짊어지고 뉴욕으로 급파된 고 씨.

그는 슬기롭게 문제를 해결할 방법을 알고 있었어요.

세공 업체 사장 앞에 나타난 고 씨는

인사를 나눈 직후, 이렇게 질문했어요.

뜻밖에 얘기 주제였어요.

상대를 먼저 띄워 주는
세련된 협상 기술이었던 거죠.

역시! 딱 보고 유서 깊은
가문일 것 같더라고요.

그래요? 하하하.

기분 좋은 대화를 주고받으며

공장도 제가 본 중에서
제일 크고 청결하네요.

그래요? 구경시켜 드릴까?

사장은 경계심을 풀고
갈수록 호의적인 모습을 보였어요.

이 기계는 내가 발명했다오.

와! 사장님, 지니어스!

그나저나 점심 안 드셨지?

그 과정에서 고 씨는 본래 목적을
일절 언급하지 않았는데,

사장 스스로
사태의 책임을 시인하고

원만한 결론에
이르게 되었답니다.

환자분, 고개 돌리세요.

무언가 지적할 일이 있을 때
칭찬으로 시작하는 것은,
치과 의사가 환자에게
마취제를 먼저 놓는 것과 비슷하지요.

그 방법은 상대의 마음에 상처를 주지 않고
자신의 오류를 깨닫게 해 주면서
스스로 역량을 강화하게끔 만듭니다.

원칙
01

칭찬과 진심 어린 감사로 시작하라.
Begin with praise and honest appreciation.

2장

간접적인 암시로
내 뜻을 각인시켜라

찰스 슈와브는 어느 날 공장을 둘러보다가
직원들이 담배를 피우고 있는 광경을 목격했어요.

그런데 문제는 그곳이 금연 구역이었다는 겁니다.

보통의 사장이라면 훈계를 했겠죠.

하지만 슈와브는 달랐답니다.

그는 직원들에게 값비싼 시가를
하나씩 나눠 주고는, 점잖게 말했어요.

자신들의 잘못을 깨닫게 함과 동시에
사장이 자기들을 중요한 사람으로 여긴다는 느낌마저 들게 한 거죠.

상대에게 내 뜻을 전해야 할 때, 바로 직구를 날리지 않고

간접적으로 알리는

비유나 암시 등의 방법이 더 효과적일 때도 있답니다.

하물며 상대의 실수나 잘못을 바로잡아야 할 경우라면

그저 단순한 잔소리로 여겨 흘려듣거나,

자존심 상해서 반발하지 않도록 말이에요.

간접적인 암시로 내 뜻을
각인시켜 주는 것이 더 나은 방법이죠.

논리적 서사와 문학적 수사를
융합하는 창의력이 필요하겠군.

1887년 3월, 라이먼 애벗 목사는
중요한 설교문을 작성하느라 여념이 없었어요.

잘해야 될 텐데….

그동안 교회를 맡아 오던 헨리 워드 비처 목사가 세상을 뜨면서
돌아오는 주일 설교를 해달라는 요청을 받았는데,

전임 목사가 워낙 감동적인 설교를 해 왔던 터라 부담이 컸고
그만큼 의욕도 넘쳤답니다.

최선을 다해 설교문을 쓰고
다듬은 끝에 드디어 완성.

스스로 감격에 겨워 아내에게 보여 줬는데,

설교문으로 적합하지 않다고 판단한 아내는

현명한 방법으로 남편을 깨우칠 궁리를 했어요.

그러고는 친절한 말투로 애벗에게 이렇게 말했죠.

* 노스 아메리칸 리뷰: 사회적·정치적 문제를 다루는 잡지

애벗 목사는 재치 있는 아내의 충고를 알아듣고
원고 없이도 훌륭하게 주일 설교를 하였답니다.

어때요? 직접적인 비판이나 지적보다 이런 방법이 더 효과적이지 않나요?

한마디로 슬기롭네.

실수나 잘못을 간접적으로 암시하는 방법은

자칫 비난에 예민할 수 있는 사람들을 깨우치는 데 매우 효과적이랍니다.

원칙
02

잘못은 간접적으로 알려줘라.
Call attention to people's mistakes indirectly.

3장

상대를 지적하기 전,
자신의 실수부터 이야기하라

제 조카에게 비서 일을 시킨 적이 있어요.
고교 졸업한 지 3년 밖에 안 된 터라, 제대로 된 직장 경험이 없던 때였죠.

당연히 업무에 서툴렀겠죠? 개선의 여지도 별로 안 보였어요.

그래서 날 잡아서 야단을 치려고 했죠.

그때 문득 나 자신을 돌아보게 되었어요.

내가 그 나이었을 때, 조카에 비해 나을 것이 전혀 없었다는 사실.

185

전 솔직하게 얘기했어요.

그리고 업무에 관한 내 바람을 얘기했을 때,

걔는 거부감 없이 충고를 받아들였어요.

경자 씨도 그럴 거예요.

자기 결점을 솔직하게
인정하는 사람이라면,

그가 당신의 잘못을 지적해도
달게 받아들일 만하겠죠?

왠지 그럴 것 같아.

상대의 결함을 드러낼 때에는 자존심을 건드리지 않도록 매우 신중해야 한다는,

이 원리를 간과하는 바람에 곤경에 처할 뻔했던 역사 속 인물이 있어요.

독일 제국의 수상이었던 베른하르트 폰 뷜로 후작.
당시 그가 모시던 군주는 제국의 마지막 황제, 빌헬름 2세였어요.

멍청한 사람일수록 자기가 멍청하다는 진실을 똑바로 쳐다보기 싫어하거든.

Bernhard von Bülow

그 멍청이가 권력을 쥔 황제라면 문제가 아주 심각해질 수 있어.

나 말이야?

Wilhelm II

빌헬름 2세는 독선적이고 오만하기로 유명했고,

힘을 앞세운 팽창주의 외교 노선을 선호했어요.

게다가 떠벌이였죠.

황제는 국제 정세를 파악하는 안목과 외교적 수완이 부족하고 서툴렀으며,

주변국들을 안하무인으로 깔보고 무시하는 발언을 서슴지 않았는데

한번은 영국을 공식 방문했을 때, 부주의하게 내뱉은 황제의 망언이 영국의 대표적인 신문, 《데일리 텔레그래프》에 고스란히 게재되어 널리 퍼지는 사건이 발생한 겁니다.

그 바람에 유럽 대륙 전체가 벌집을 쑤셔 놓은 듯한 형국이 돼 버렸죠.

뒤늦게 사태의 심각성을 깨달은 황제가

내놓은 묘책은…

어처구니가 없었어요.

자기가 한 모든 실언의 책임을 뷜로 후작에게 떠넘기려고 한 겁니다.

맞아요. 뷜로 후작은 하도 어이가 없어서
본심을 그대로 얘기해 버렸어요.

뷜로 후작은 비난하기 전에 먼저 칭찬을 했어야 함을 깨달았지만
이미 엎질러진 물! 그래서 비난한 다음에 칭찬하는 차선책을 택했죠.

아닙니다. 폐하에 비하면
전 아무것도 모릅니다!

제가 폐하만큼 군대를
알겠습니까? 천만에요!

과학 기술에 박식하신 폐하와
달리 전 완전 무식할 따름이죠.

폐하께선 물리, 화학에도
정통하시지 않습니까?

저는 그저 부끄러울 따름이지만,
겨우 역사, 외교만 쬐끔입니다.

외교야, 딱 봐도 폐하가 훨씬 잘생기셨죠!

어렵사리 위기를 모면할 수 있었던 뷜로 후작은

으하하하, 자넨 역시 내 친구!

못생겼다고 너무 자책하진 마!

상대의 흠결과 자신의 실수 중
어느 걸 먼저 앞세워야 하는지 결코 잊지 않았답니다.

다음부턴 안 그래야지….

자기를 낮추고 상대를 칭찬하는 몇 마디 말이
저 오만한 황제의 마음마저 녹이는 걸 보셨죠?

일상의 관계에서 겸손과 칭찬이 어떤 결과를
가져다줄지 상상이 가지 않으세요?

제대로만 사용한다면 겸손과 칭찬은
인간관계에서 진정한 기적을 낳을 수 있어요.

원칙
03

상대를 지적하기 전에 자신의 실수부터 이야기하라.

**Talk about your own mistake before
criticizing the other person.**

4장

명령을 하기보다는
제안을 하라

명령을 받을 때와 제안을 받을 때.

명령은 굳이 얘기할 것도 없는데, 제안은 뭔가 존중받는 느낌?

전기 작가인 아이다 타벨과 저녁을 먹으며
'사람들과 어울리는 법'이라는 주제로 이야기를 나눈 적이 있어요.

영은 함께 일하는 사람들에게 결코 명령조로 말하는 법이 없었다고 해요.

언제나 제안을 했고, 비서가 쓴 편지를 검토할 때도 이렇게 말했어요.

남아프리카공화국 요하네스버그에 사는 이언 맥도널드는
소규모 정밀 기계 부품 공장의 공장장이었어요.

어느 날, 대형 주문이 들어왔는데
공장 여건상 도저히 납기일에 맞추기 힘든 실정이었어요.

만약 맥도널드가 욕심 많고 어리석은 사람이었다면
무리하게 직원들을 들볶아서 잇속을 차리려 했겠죠.

하지만 그러지 않았어요.

그는 직원들을 모아서 당면한 문제의 해법에 관해 함께 의논했어요.

그러자 직원들은 자발적으로 생산성을 높일 수 있는
방안을 내놓기 시작했고,

모두가 의기투합해서 성공리에 일을 마칠 수 있었답니다.

이렇듯 사람들은 자기가 어떤 결정에 참여하게 되면 그걸 더 적극적으로 수용하는 경향이 있답니다.

같은 역할을 수행하더라도 명령으로 전달될 때와 질문일 때가 다른 효과를 낳는다는 게 신기하지 않나요?

ask

질문으로 시작하면 의견을 받아들이기 쉬울 뿐만 아니라 상대방의 창의력까지 자극하기도 한답니다.

원칙
04

직접적으로 명령하기보다는 질문을 하라.
Ask questions instead of giving direct orders.

5장

상대의 체면을
세워 줘라

반대로 상대방의 자존심을 지켜 주는
방법을 항상 고민해야 할 거예요.

제너럴 일렉트릭은 그 일을 잘 해낸 경험이 있답니다.

회사는 회계 부서장 찰스 스타인메츠의 직함을
뺏어야 하는 상황에 놓여 있었어요.

아주 골치 아픈 문제야.

그는 전기 분야에는 실력자였지만
회계 부서장으로서는 부적격이었답니다.

저 자리에 딴 사람을 앉혀야 해.

회사는 이 어려운 문제를
어떻게 처리했을까요?

두구 두구 두구

대신 딴 자리 주면
되는 거 아냐?

회사는 그의 명함에 "최고 컨설팅 엔지니어"라는
새 직함을 새겨 주었어요.

튀르키예 건국의 아버지로 추앙 받는 무스타파 케말.
그는 용맹한 지휘관이자 구습을 타파한 근대적 개혁가로,
참으로 공명정대한 위인이었어요.

그의 인품이 잘 드러난 역사 속
한 장면을 소개할까 해요.

오스만 제국이 공화국으로 바뀔 무렵, 튀르키예는
아나톨리아 지방을 놓고 그리스와 치열한 전쟁을 벌였어요.

우리 영토에서 나가라!

1922년 케말은 마침내 그리스 군대를 몰아내고
영토 분쟁에 종지부를 찍게 되었죠.

그리하여 그리스 장군 두 명이 항복하며
종전에 합의하러 튀르키예 진영에 왔을 때,

사람들은 패장들에게 독한 저주를 퍼부으며 모욕했죠.

케말은 즉각 제지하였고,

무례한 짓들 그치시오!

장군들의 체면을 살려 주면서

신사분들, 앉으시죠.

진심으로 위로했어요.

전쟁은 아무리 훌륭한 군인이라도 패배를 경험하게 하는 비극입니다.

그런 인품을 가졌기에 무스타파 케말은
튀르키예 공화국의 초대 대통령으로
많은 업적을 남기면서 세계사에 빛나는
위인이 될 수 있었답니다.

공화국은 법치에 입각해
세속주의를 도입한다!

여성들의 복장을 해방시킨다!

일부일처제의 원칙을 세운다!

국제화에 걸맞은 표기법과
그레고리력을 채택한다!

교육의 남녀평등을 실현한다!

여성에게도 선거권을 부여한다!

프랑스의 유명한 작가이자 비행사인 생텍쥐페리는 이렇게 말했어요.

상대의 자존감에 상처를 입히는 일은 범죄다.

Antoine de
Saint-Exupéry

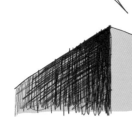

우린 타인의 감정을 함부로 다루지 말고
상대방의 자존심을 해칠까 염려해야 합니다.

타인을 배려하는 한두 마디 말,
상대방의 처지를 진심으로 이해해 보려는 노력,

이런 것들로 채워져 가는
세상은 얼마나 좋을까요?

원칙
05

상대의 체면을 지켜 줘라.
Let the other person save face.

6장

조금이라도 나아진 것은
모두 칭찬하라

피트 발로는 숙련된 동물 조련사예요.

저는 그가 어떻게 개와 조랑말을 훈련시키는지 지켜보았답니다.

조련 과정에서 피트는 강아지가 조금이라도 나아질 때마다

칭찬하고 간식을 주고, 그러기를 되풀이하더라구요.

매우 효과적인 방법이었죠.

누군가의 행동을 바꾸기 위한 방법으로 회초리보다
칭찬이 더 효과적이지 않을까요?

잘할 거지?

너 이것밖에 못해?

너 아니면 누가
이 정도 해내겠니?

사람들은 격려를 받으면서 자신을
계속 더 나아지게 만든답니다.

우리가 잘 아는 역사는 칭찬이라는
마법이 낳은 놀라운 예들로 가득해요.

오래 전 나폴리의 한 공장에서 일하던 어린 소년에게는

꿈이 있었어요.

하지만 노래 선생님이라는 작자는 냉정했어요.

그래도 소년은 낙담하지 않고 계속해서
가수가 되고픈 꿈을 키워 나갔어요.

소년이 그럴 수 있었던 건,
사랑으로 지지해 주는 엄마가 있었기 때문이에요.

번듯한 음악 교육을 시킬 형편은 못 되었지만,
번 돈을 아껴가며 아들의 뒷바라지를 해 주면서

노래 선생이 오늘은 뭐라던?

맨날 못 한다고 구박이죠.

칭찬과 격려만큼은 언제나 넘치도록 해 주는 엄마였죠.

선생이 삼류라서 너의
재능을 못 보는 거란다.

엄마 말씀이 맞아요.

결국 소년은 자라서 음악사에 길이 남을
전설적인 오페라 가수가
되었답니다.

내가 바로 엔리코 카루소.

위대한 테너 가수로 칭송받았어.

파바로티가 불러서 유명해진
'카루소'가 내 생을 기린 노래야.

Enrico Caruso

선생, 어디 가서 당신이
쟤 키웠다는 소리 하지 마.

예….

산업 혁명이 한창이던 19세기 영국,
런던의 빈민가를 떠돌며 비참하게 살던 한 청년은

쥐가 들끓는 구두약 공장에서 하루 10시간 노동에 시달리며
배고픔을 견뎌야 했어요.

청년은 그 와중에도 틈틈이 글을 써서 여기저기 보내 봤는데,

어디에서도, 누구도 거들떠 보지 않았어요.

거듭되는 좌절로 작은 의욕마저 상실하고 피폐해져 가던 때,

마침내 한 편집자로부터 칭찬을 받았죠.

청년은 난생처음 받아 본 칭찬에 기쁨을
감추지 못한 채 눈물을 흘리며 거리를 쏘다녔어요.

그날 경험은 큰 용기를 주었고
그는 글쓰기를 계속해 삶을 바꿀 수 있었어요.

그 청년이 바로 세계 문학사에 위대한 금자탑을 세운
찰스 디킨스였어요.

웨스트민스터 사원에 안장된 내 묘비에 이렇게 쓰여 있어.

가난하고 고통받고
박해당하는 자를 연민했던
그의 죽음으로 영국은
가장 위대한
작가 한 명을 잃었다.

Charles Dickens

어때요? 칭찬의 힘,
놀랍죠?

그러게? 한 사람의
인생을 바꿨네!

하버드 대학 교수로 뛰어난 심리학자이며 철학자인
윌리엄 제임스는 말했어요.

우리는 자신의 내면에 있는 가능성을
제대로 볼 줄 모른다. 인간은 다양한 능력이
있지만 습관적으로 육체적, 정신적 능력을
조금밖에 사용하지 않는다.

사람들로 하여금 자신의 숨겨진 보물을
깨닫게 하는 것이

어쩌면 당신이 가진 능력일지도 몰라요.

당신이 만나는 사람들의 잠재된 가능성을 알아보고
칭찬하고 격려하는 마법과 같은 능력을 발휘해 보세요.

원칙
06

조금이라도 나아진 것은 모조리 칭찬하라.
"잘했다고 말할 때는 진심을 담고, 칭찬할 때는 아낌없이 쏟아내라."
Praise the slightest improvement and praise every improvement.
Be "hearty in your approbation and lavish in your praise."

7장

상대에게 명성을 주고,
거기에 부응하게 하라

학교 선생님이 경자 씨를 좋게 평가해 준다면?

내가 볼 때 넌 참 책임감이 강해.

그 평가에 부응하도록 노력할까요?

더욱 책임감이 강한 학생이 되어야 한다는 책임감에 사로잡히게 만드시네요.

아니면 굳이 부정하고 기대에 어긋날까요?

사람 보는 눈이 참 없으시네요.

이왕 얻게 된 좋은 평판이라면 당연히 살리는 쪽을 택하겠지?

그렇죠? 그게 인지상정이죠?

볼드윈 기관차의 사장이었던 새뮤얼 보클레인은
인간의 심리와 행동에 관해 참 흥미로운 말을 했어요.

사람들은 존경하는 이가 자신의 능력을 높이 평가해 준다면,

기꺼이 그가 원하는 대로 따른다.

요컨대 누군가의 어떤 면을 개선하기를 원한다면

그 사람이 이미 그러한 장점을 가졌다고 믿게 해 주라는 것이죠.

내 친구 어니스트 젠트 부인은
가사 도우미를 한 명 고용하고서

그녀가 이전에 일했던 집에
전화를 걸어 알아봤더니,

평판이 좋지 않았어요.

그래도 부인은
이미 정한 마음을 바꾸지 않았어요.

넬리가 일을 하러 왔을 때, 이렇게 말했어요.

현명한 겐트 부인은
그녀의 새로운 평판을
마련해 준 겁니다.
그래서 전보다 맡은 일을
더 잘 해냈다고 해요.

저명한 목사이자 연설가인 헨리 클레이 리스너의 사례도 한번 볼까요?
그는 프랑스 주둔 미군들의 품행을 개선하고 싶었어요.

그래서 제임스 하보드 장군이 했던 말을 떠올렸죠.

리스너는 그 말의 진위 여부를 따질 필요가 없었어요.

그는 당시 미군 병사들 사이에서
가장 인기가 많은 장군이었으니까요.

리스너는 장병들이 롤 모델로 삼는
장군의 평가를 전하면서 자신했어요.

그 평판이 효력을 발휘할 거라고.

셰익스피어는
말했어요.

좋은 자질을 갖추지 못했더라도
갖춘 것처럼 행동하라.

상대방이 가졌으면 하는 장점을
그 사람이 이미 가지고 있다고
공개적으로 말해도 좋을 거예요.

기꺼이 부응하고 싶어 할 정도로
훌륭한 평판을 안겨 주는 것이죠.

오래된 속담 중에,

개에게 나쁜 이름을 붙여 주면
그 개를 매달고 싶어질 것이다.

반대로 그 개에게 좋은 이름을
붙여 주면 어떤 일이 일어날까요?

원칙
07

상대가 기꺼이 부응할 만한 훌륭한 명성을 부여하라.
Give the other person a fine reputation to live up to.

8장

격려하라. 잘못을 고치기 쉬운 것처럼 보이게 하라

늦은 나이에 배필을 만난 한 친구가
약혼녀의 권유로 춤을 배우려고 했을 때 겪은 일이에요.

그 친구는 타고난 '몸치'였답니다.

큰 맘 먹고 찾은 첫 번째 춤 선생님의 진단은?

그 선생님은 진실한 사람이었던 것이죠.

하지만 돌직구를 맞은 그는 낙담해 버렸어요.

그런데 두 번째 선생님이 해 준 얘기는 좀 달랐어요.

어쩌면 사탕발림이었을 수도 있지만,

덕분에 그의 춤 실력은 나아질 수 있었답니다.

경자 씨 혹시 브리지 게임 좋아하세요?

몰라. 그게 뭔데?

카드로 하는 게임인데, 포커처럼 돈을 걸고 하는 도박이 아니라 순전히 판단력과 기억력으로 하는 두뇌 플레이 게임이에요.

머리 쓰는 놀이? 머리 아파서 싫어.

나도 그랬어요.

어울려 지내던 로웰 토머스 부부가
어느 날 게임을 같이 하자며,

그 말을 해 주기 전까지는요.

나도 모르는 사이에 게임을 즐기면서
꽤 잘하고 있는 자신을 발견하게 되었죠.

당신의 아이, 배우자,
혹은 직원에게 어떤 일을
잘 못한다고
비난하지 마세요.

그건 개선하려는 노력의
여지마저 없애는 행위예요.

반대로 격려를 아끼지 말고, 그 일이
하기 쉬운 일처럼 여겨지게 만드세요.

그리고 할 수 있는 능력이 있음을
믿어 의심치 않는다고 말해 주세요.

용기와 자기 확신을 얻은 사람은 더 잘하기 위해
창밖에 먼동이 틀 때까지 연습하고, 또 연습할 거예요.

원칙
08

격려의 말을 건네라.
잘못을 고치기 쉬울 것처럼 보이게 하라.

**Use encouragement.
Make the fault seem easy to correct.**

9장

내가 원하는 일을 상대가
기쁘게 하도록 하라

나폴레옹은 휘하의 지휘관과 병사들을
제대로 통솔할 줄 아는 군인이었어요.

무엇보다 그는 영리한 리더였답니다.

'레지옹 도뇌르 훈장'을 제정해서
15,000명의 병사들에게 수여하고,

18명의 장군들을
'프랑스 원수'로 임명했어요.

명예를 안김으로써
사기를 복돋우는 용인술이었죠.

그런 처사를 고깝게 보고 비판하는 이들도 있었지만,

나폴레옹은 태연하게 응수했어요.

어찌 보면 유치한 방법일 순 있어요.

그렇다고 누구에게 손해를 입히는 것도 아니잖아요?

오히려 상대의 자존감을 높여서 중요한 사람이라는 느낌이 들게 하는 거잖아요?

사람들은 어떨 때 즐거운 마음으로 맡은 일을 잘 수행할까요?

바로 자신의 존엄성을 인정받을 때랍니다.

1915년, 제1차세계대전으로 유럽을 포함한
전 세계가 참혹한 전쟁의 공포에 휩싸였을 때,

미합중국 대통령 우드로 윌슨은
세계의 리더로서 중차대한 결정을 내려야만 했어요.

유럽에 평화 회담
특사를 보내야겠어!

그 결정은 당시 국무장관,
윌리엄 제닝스 브라이언을 고무시켰어요.

나한테 중책을 맡기겠구나.

아마도 역사에 자기 이름을
새기게 될 거라 여겼을 거예요.

세계 평화에 기여한
인물로 기록될 거야.

하지만 대통령이 염두에 둔 인물은 따로 있었지요.
절친이자 정치적 동지인 하우스 대령이었던 겁니다.

이 일의 적임자는 자네야.

예~엣?

국무장관이 기대 많이
하고 있을 텐데요?

잔뜩 달아 올라 있을 걸세.

게다가 그 소식을 브라이언 장관에게
전해야 할 임무까지 떠안겼어요.

가서 찬물을 끼얹어 주게.

하우스 대령이 정말 어렵사리 대통령의 뜻을 전했을 때,
실망한 기색이 역력한 그의 표정을 읽었어요.

국가 안보와 국제 정서를 관장하는
주무 장관인 브라이언 장관의
자존심을 상하지 않게 하면서,
국가 안보와 세계 평화를 위한
막중한 역할을 내가 수행할 거라는
사실을 어떻게 얘기하지?

저더러 가라시네요.

그리고 덧붙이기를,

대통령께서는 이번 특사 파견이
국내외 주목을 끄는 걸
원치 않으시는 것 같습니다.
그러려면 비공식 라인으로
일을 처리해야 할 텐데.
아무래도 장관께서는 이 나라의
국무위원이시지 않습니까?
반면 저는….

하우스 대령의 말을 곱씹어 본 장관은 반색했어요.

무슨 일이 벌어진 거지?

저 말의 이면에서 암시하는
바가 뭔지 생각해 봐요.

무슨 암시?

장관은 이 일에 걸맞지 않게 중요한
인물이라며 추켜세우고 있잖아요?

참 영리한 대령이네!

뉴욕의 가장 큰 인쇄업체에서 일하던
한 기계공이 불만을 토로했어요.

수많은 기계들을 유지 보수하는
격무에 시달린 탓이었죠.

그런데 사장인 원트는
사태의 이면을 꿰뚫어 보았어요.

원트는 업무량과 근무 시간을 줄여 주거나 조수를 붙여 주지 않고도
기계공이 행복하게 계속 일을 할 수 있게 만들었답니다.

그에게 작은 개인 사무실을 마련해 주고,
그 문에 전에 없던 직함을 붙여 주는 방법으로요.

물론 언제나 성과를 거두진 않겠죠?

하지만 단 10퍼센트만 성공하더라도 당신은 리더로서 10퍼센트 더 유능해지는 거랍니다.

원칙
09

내가 원하는 일을 상대가 즐겁게 하게 하라.

**Make the other person happy
about doing the thing you suggest.**

DALE
CARNEGIE

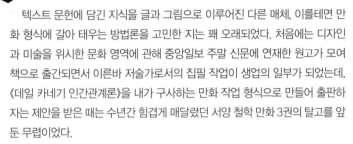

텍스트 문헌에 담긴 지식을 글과 그림으로 이루어진 다른 매체, 이를테면 만화 형식에 갈아 태우는 방법론을 고민한 지는 꽤 오래되었다. 처음에는 디자인과 미술을 위시한 문화 영역에 관해 중앙일보 주말 신문에 연재한 원고가 모여 책으로 출간되면서 이른바 저술가로서의 집필 작업이 생업의 일부가 되었는데, 《데일 카네기 인간관계론》을 내가 구사하는 만화 작업 형식으로 만들어 출판하자는 제안을 받은 때는 수년간 힘겹게 매달렸던 서양 철학 만화 3권의 탈고를 앞둔 무렵이었다.

자기계발 분야의 최고봉이라 할 고전을 읽고 소화하기 좋은 만화로 재구성하겠다는 기획안에 의욕과 확신을 함께 담아 찾아온 두 명의 편집자에게 나는 그 자리에서 거절 의사를 밝혔는데, 거절 사유는 "한 글자도 읽어본 적이 없는 책인데다, 자기계발서에는 눈길조차 안 주고 사는 제가 이 일을 어찌 맡겠습니까?"였다.

나는 타인이 이야기하는 성공담이나 성취 비결 같은 인생 무용담을 내 삶의 지침으로 받아 안으라고 권하는 자기계발서를 신뢰하지 않는다.

이런 불신의 바탕에는 그리스 신화에 나오는 신과 영웅들도 운명의 실타래에 순응하듯 나에게 주어진 몫에 겸허히 자족함이 현명하다는 나름의 성찰적 운명론, 그리고 계시와 축복 속에서 인도되는 여정에 삶을 맡기고자 하는, 내가 믿는 신앙이 있다. 또 무엇보다 자기 삶의 성취는 어차피 각자의 몫이기에 원하는 바를 이루는 방법이 천차만별이라는 생각 때문이었다.

그래도 편집자들은 말미를 두고서 알 사람들은 다 아는 《데일 카네기 인간관계론》을 이참에 한 번 읽어 보고 집필 제안을 숙고해 주길 바랐고, 나로서는 정말 속는 셈 치자는 심산으로 생애 처음으로 자기계발서의 책장을 넘기기 시작했다.

데일 카네기의 책은 그때까지 편견으로 짐작했던 그저 그런 인생 성공 비결이 아니라 그야말로 사람들과 잘 지내도록 친절하게 조언하는 지극히 바람직하면서도 기상천외한 잠언들의 보고였다. 카네기 스스로도 '이와 같은 책이 20년 전에 내 손에 쥐어졌더라면 어땠을까'라며 자화자찬했듯 나 역시 청소년기 전에 진작 이 책을 읽었더라면 하는 공감이 절로 생겼고, 마지막 책장을 덮자 곧 출판사의 제안을 수락했다. 그 후로 약 2년여 동안 원전의 보석 같은 글귀들이 전하는 바를 그대로 살리면서 그림의 작은 요소들까지 문헌 내용의 소화를 북돋우는 효소 작용을 하게끔 하는 고도로 예민한 작업에 빠져들었다.

그래서 이 책에 등장해서 데일 카네기에게 질문을 던지고 답을 얻거나 공감하는 경자 씨의 입장은 책을 쓰고 그린 내 마음을 대변하며 이 책을 읽게 될 독자의 마음과 통하기를 바라 마지않는 바이다.

아무쪼록 이 책이 《데일 카네기 인간관계론》에 아직 생소한 세대에게 원전 읽기를 위한 징검다리가 되기를 바라며, 아울러 이미 데일 카네기의 저작을 읽어본 분들에게도 다른 매체로 다시 접하는 신선한 환기의 경험이 되기를 소망한다.

ps. 그날 귀한 기획안을 가지고 찾아왔던 두 명의 편집자,
박재영 님과 서정희 님에게 새삼 고마움을 전하며.

2025년 2월 김재훈

소통이 어려운 나를 위한
데일 카네기 인간관계론 2

원저 데일 카네기 | **글·그림** 김재훈
찍은날 2025년 2월 7일 | **펴낸날** 2025년 2월 18일 초판 1쇄
펴낸이 신광수 | **출판사업본부장** 강윤구 | **출판개발실장** 위귀영
아동IP파트 박재영, 박인의, 김규리
출판디자인팀 최진아, 당승근 | **저작권 업무** 김마이, 이아람
출판사업팀 이용복, 민현기, 우광일, 김선영, 신지애, 허성배, 이강원, 정유, 설유상, 정슬기, 정재욱, 박세화,
　　　　　　 김종민, 정영묵, 전지현
CS지원파트 이형배, 이주연, 이우성, 전효정, 장현우
펴낸곳 (주)미래엔 | **등록** 1950년 11월 1일 제16–67호 | **주소** 서울특별시 서초구 신반포로 321
전화 미래엔 고객센터 1800–8890 **팩스** 541–8249 | **홈페이지 주소** www.mirae-n.com

ISBN 979–11–7347–095–0 04190
ISBN 979–11–7347–093–6 (세트)

*책값은 뒤표지에 있습니다. 파본은 구입처에서 교환해 드리며, 관련 법령에 따라 환불해 드립니다.
　다만, 제품 훼손 시 환불이 불가능합니다.

KC 마크는 이 제품이 공통안전기준에 적합하였음을 의미합니다.
사용 연령: 8세 이상